論特權

西耶斯

目次

作者

西耶斯（Emmanuel-Joseph Sieyès, 1748－1836）

西耶斯在一個宗教氛圍濃厚的環境長大。父親是稅務官，薪水微薄。家族有一點貴族血統，但過的是平民的生活。他原本希望當個軍人，不過因為體格不好，從軍之路受阻，於是轉為進入教會服務。他在教會工作時發現，由於自己並非貴族，沒有特權加持，所以升遷困難重重，因此開始檢視特權在社會中的作用與影響。

他深諳特權階級的思考模式，因此針對特權階級的思維，批判得鞭辟入裏。他發現，特權者的心態，並沒有因為國難當前而有所轉變，反倒得寸進尺，變本加厲。西耶斯指出，沒有任何特權的平民，卻肩負讓國家繼續延續命脈的重擔，還要負擔教士、貴族階級所撇下的責任與義務，實在很不公平；平民至少應該與他們享有同等的權利，擁有比例相當的民意代表在議會中為自己發言，並有推翻專政與制憲的權力。

當時民意的風向，對於由教士、貴族、平民（亦即前兩個特權階級以外，剩下的人）所組成的三級議會，十分反感。因此西耶斯抓緊這個趨勢，陸續出版《論特權》（*Essai sur les privilèges*）、《何謂第三等級？》（*Qu'est-ce que le tiers-état?*）這兩本小冊子，引起社會廣泛迴響，沸騰整個法國。

西耶斯是法國大革命的理論推手，他在革命期間，也參與了《網球場宣言》和《人權宣言》的起草，與一七九一年的制憲，在思想或行動上，他可說是大革命的推手。在經歷過議會議政與行政官職務後，他又與拿破崙合作，發動霧月政變，結束了法國大革命，完整見證了革命的起落。

吳叡人

台大政治系畢業，芝加哥大學政治學博士，現任職中央研究院臺灣史研究所。知識興趣在比較歷史分析、思想史與文學，關懷地域為臺灣、日本，以及世界，喜愛詩，夢想自由。

譯者

梁家瑜

一九七八年生於國境之南，未及而立之時歐遊經年。翻譯之餘，偶記雜感，並從事紀錄片拍攝工作。

論特權

這本小冊子的法文初版於1788年11月面世
本書是根據1789年的增訂新版翻譯

西耶斯

一

說到特權，大家都認為，特權就是給與某些人優惠減免，教剩下的人大失所望。如果這個說法屬實，那麼我們必須承認：特權真是一種可悲的發明！想要摧毀一個社會非常簡單，假設這世界上真的存在一個安和樂利、組織完善的社會，我們只要讓一小撮人不必履行應盡的社會責任，再把因這些人而產生的負擔，加到其他人身上，讓他們意冷心灰，就能破壞原本的秩序。這不就清楚說明了，特權的存在，足以摧毀一個社會？

不是我不願意去考察特權的起源、性質與作用，而是這種談法雖然比較有條理，卻很容易老在幾個相同的概念上面打轉。再者，一旦論及起源，不免又要落入「如何證明所言為實」的爭辯，不但枯燥乏味，而且沒完沒了。更何況，大家都知道，只要有心，有什麼「證據」找不出來？如果一定要照這樣談的話，那我寧可替特權假定出一個最純粹的起源。這樣一來，我想就算是特權的擁護者（也就是所有從中獲益的人），應該也不會有什麼好挑剔的了。

所有特權都是一樣的，目的就是為了使人**豁免**於法律的**管束**，或是得到某些法律未禁止之事的**專屬權利**。特權的本質，就是要讓某些人得到比一般人更多的權利，而特權者也就是藉由上述的兩種手段所造就出來的。因此，大家應該能同意，從這兩個面向來掌握主題，最後研究出來的結果，理論上可以將所有的特權種類涵蓋其中。

首先，我們要問：訂定法律的目的是什麼？我們並不是因為一時興起而制訂法律的。法律的目的，無疑是要保障個人的自由及財產，免於受到侵犯與傷害。由這點看來，那些沒有實際的用途，卻剝奪公民自由的條文，已經違背了當初制訂法律的初衷，必須要盡快廢除。

所有法律都出自一條**母法**，那就是：**不要傷害他人**（**ne fais point de tort à autrui**）。立法者把這條偉大的自然法▲運用在各式法律條文中，並將其分門別類，使社會能運作得井然有序。這些法律條文也就是所謂的實證法▲。能夠防止損害他人權益的法律，我們可稱之為善法。但是如果法律不能直接或間接防止損害他人的權益，那麼就算條文中沒有表現出惡意，仍舊是屬於惡法。因為，這些法律條文先是造成許多不必要的限制，因而妨礙了自由；再來，它也擠壓了本來該屬於善法的空間，就算沒有，多少也削弱了善法原有的力量。

▲從事物的自然本質中，導引出來的法則，總稱自然法（loi naturelle）。自然法概念在歐洲思想中源遠流長，通常被視為在主權人民與統治者之上的「更高的法律」。

▲實證法（loix positives）是人為訂定、且在特定社會內可實行的法律，又稱為人定法。與自然法是相對的概念。

法律之外，凡事皆為自由；除了受法律保障的個人事物，其餘皆為公有。

只不過，當權者長期禁錮人民的心智，使得人民根本不了解自己在社會中真正的地位，也不認為自己有權力廢除惡法。這種狀況實在可悲。人民甚至受到誤導，相信自己不能替自己做主；以為除非法律有明文規定（不論善法，抑或惡法），否則一概不能插手管事。人民似乎沒有概念，不懂原來「自由」與「財產」是至關重要的，也是一切的基礎。人類之所以相互連結，是為了長期保護自身的權利，避免遭到惡人算計，以期身體與人格能夠在這樣的保障之下，更積極、更全面的發展，並享受豐富的人生。只是，人民也忽略了一件事，這些因自己勤奮開創出的新風貌，所累積的財富與贏得的社會地位，真的是完完全全的屬於自己，絕不能夠當成是由外在權力來施予個人的賞賜。為此，人民建立了監護機構（l'autorité tutélaire）▲。這個機構的存在，不是要給予人民本來就擁有的一切，而是為了保護人民所擁有的一切。簡言之，每位公民，除了擁有法律明文規定之事的權利，還擁有一項不容被質疑的權利，那就是行使一切法律所未禁止之事的權利。

▲這裡的監護機構指的是立法者，他們訂定法律條文，保護人民權益不受損害。

藉由檢視這些基本的原則，我們已經可以對特權作出一些判斷。以「豁免於法律約束」為目的的一切，都是站不住腳的，因為所有法律都直接或間接地表示：**不要傷害他人**。如果允許某些階級的公民自外於法律，不就等於是對他說：**您可以傷害他人**？世界上沒有人有權力作出這種許諾。法律如果是善法，那麼就該一體適用，若屬於惡法，就應該廢除。因為，惡法侵害自由。

基於同樣的原則，對於法律所未禁止的事物，沒有人能被賦予專屬的權利，因為這等於是強奪了其他公民的權利。就像前面所說的：法律之外，凡事皆為自由；除了受法律保障的個人事物，其餘皆為公有。只要是法律未禁止的事物，都在公民自由的範疇，為眾人所有。把原本屬於大家的東西，給某人當作專屬的特權，這是為了個人的利益，而傷害了整個群體。這種想法違背公平正義，可說是荒謬無理。

因此，特權就本質上來說，既不公正，又下流卑鄙，並且與每個政治社會（société politique）▲的最高目的相違背。

▲政治體系的運作中，公民的想法與利益能夠被整合成為政策提案，行成政策之後，託付政府執行。有許多不同的組織團體涉入這個過程，如政黨、說客、委員會、社會運動、公民協商會議、參與式預算編制會議等，以集合眾人的意見，為整體社會的利益與價值發聲。

就算是榮譽特權也不例外，它完全符合我們先前定義的範圍：給予某些人法律未禁止之事物的專屬權利；撇開這個不談，冠上「榮譽」這個虛榮的頭銜後，只要能與金錢扯上關係的，這些榮譽特權者無不想要分一杯羹。話雖如此，但還是有不少頭腦清醒的人，或表態支持，或要求寬容看待這類型的特權。因此，我們有必要檢視，這類特權是否具有存在的正當理由。

說實話，對我來說，這種榮譽特權不但是另一種惡，而且還罪大惡極：因為它竟然試圖貶低大多數的公民——貶低別人的心智，絕對不是一樁小事。實在很難想像，怎麼有國家會這麼荒謬，為了表揚二十萬人，而去侮辱其他兩千五百八十五萬順從的人民？這種反社會的行為，究竟在哪一種情況下，能與一般大眾的利益相互結合？有哪位口才便給的聰明人能出來解釋一下？

頒發榮譽特權的理由百百種，其中最討喜的一個，就是賦予榮譽特權的對象，曾經為祖國效力，做出特殊的貢獻。這裡所謂的祖國，也就是國家；而國家，無非就是公民全體。但就算要獎賞那些為群體立下功勞的個人，再怎麼說，也不需要蠢到要所有人都得對那一個人低聲下氣吧！公民全體永遠是首先考量、滿足的對象。難道就因為僕人為主人效力，應該得到獎賞，所以把主人當作祭品獻給僕人？豈有此理！

這麼離譜的事情，早就該要拿出來檢討了。不過，很多人沒有聽過我們剛剛所講的事，或是因初次聽到而覺得新奇。在這些人之中，有些人存有某種根深蒂固的迷信，這種迷信排斥理性，不接受任何質疑。有一些尚未開化的野蠻部族，喜歡把身體弄得畸形到有點離譜。他們把畸形的身體看作是上天賜予人類最美的禮物，並且因此加以崇拜禮敬。而在北方諸國，那裡的民族崇拜的事物更加畸形，那裡的人極盡誇張之能事，崇拜危害甚深的政治息肉。這些政治息肉明著受人膜拜，暗地裡也同時瓦解、分化著社會這個有機體。只要人不再迷信，這個長期被人所毀壞的有機體，就會恢復本的力量，伴隨其自然的美感重生，再度出現在眾人面前。

有人說：「什麼！難道連對國家有貢獻，都不能被眾人認可？也不能得到獎賞？」

抱歉，我不能接受用任何不義，或是污辱人的東西，當作國家對他們的獎賞；就算要獎勵他們，也不可以要剩下的人付出代價，遑論要犧牲的是其他所有人的權益。我們千萬別把「特權」與「獎賞」搞混了，這是兩種截然不同的東西。

或者，你們所說為國家付出的是一般尋常的勞務？那大可用薪資，或是同性質的東西來作為報酬。還是你們指的是為國家立下了重大功勞，或是執行光榮的任務？如果是這樣，那就應該論功行賞，依據這個人的才幹，讓他速速升官，或賦以要職。如果對象因為老年、傷殘等無法以其他方法給予適當的報償時，可以視情況，加給一筆年金，但這僅限於極少數的案例。

「這樣還不夠，」你們說：「我們應該要鶴立雞群，一定要成為萬眾矚目的焦點……」

這時，輪到我來回答：榮耀就在你們為國家、為人類所做的貢獻當中；這些貢獻，本身就會留在人民心目中，那就是長長久久的「與眾不同」；這種奉獻的精神，永遠不乏眾人的矚目與愛戴。

放手吧！放手讓公眾自由表達他們的崇敬吧！你們當然可以分析比較，

把眾人的愛戴視為一種精神貨幣，而且還是強勢貨幣——這樣看沒錯，但是如果你們希望由在上位的君王來分派公眾的尊敬，那你們就自打嘴巴了。比你們這些人還明理的大自然，早就將尊重與敬意的真正根源，深埋在人民的情感之中。真正的敬意，只存在人民之中。而人民，就是國家。這裡，召喚著優秀的人，貢獻他們的才幹，並且論功行賞，絕不會虧待這些有志之士；在這裡，他們會找到他們渴望得到的報償。

那些層出不窮，看似盲目的事件與惡法，其實早在背地裡，讓廣大群眾不自覺地走向險惡的環境。人民已經被剝奪了原有的一切，如今一無所有，只剩用敬意讚揚這些為國效力者的權力。這是他們用來激勵那些有能力做出貢獻的人，僅剩的辦法。你們現在還想搶走他們身上最後的資產，要他們交出僅存的敬意，卻無助於他們人生的幸福？

大多數的政治人物不但辜負公民全體，還瞧不起公民，養成一種把公民視為無物的習慣。他們發自內心地輕蔑、鄙視所有人民，認為死老百姓活該——但若不是因為犯罪，沒有人該被鄙視；這些官員不關心人民，只在乎懲處罪犯。他們用憤怒對待人民，卻把溫柔給了特權階級。然而，就算在那個階級裡，仍然有一批有德又有才的人，能順天行事；他們清澈、勇健的靈魂，不斷聽到隱隱傳來的聲音，要他們為弱勢者爭取權益。沒錯！人民神聖的需求，永遠受到能夠獨立思考的人的注意；人民的需求，是有品格的公民，於公於私所關切和奉獻的目標。說實話，雖然窮人只能以祝福來回應有恩於他們的人，但這個回饋，卻勝過了掌權者所能給予的寵幸！哎！就讓公眾自由的流露他們心中的敬意，報答那些仁人志士吧！讓我們提醒自己，別去破壞了自然在我們內心深處細心刻下的高貴人性吧！讓我們為這種「對社會作出貢獻，而贏得世人尊敬」的交換關係，鼓掌喝彩。讓心懷感激的人民，和所有功績都獲得了豐厚獎賞的大人物之間，彼此能以簡單的感謝作為交換吧！只要這一切順其管道，自然發生，那這就是一項純淨、真誠的交換，將會為雙方帶來幸福的生活、充滿良善的力量。

然而，公眾的尊敬一旦受宮廷所操控，就會淪為下流的壟斷工具。要不了多久，這樣的濫用，將引發人做出最無恥、敗德的行徑，並在各個公民階級間蔓延擴散。這是我們咎由自取的結果。只要召喚尊敬的名目不當，就會把公眾的情感引導到錯誤的方向去。對大多數盲從的人來說，這情感後終會腐敗收場。因為，一旦順從邪惡，接著便會習於依附邪惡；那又怎麼可能逃脫邪惡的毒害呢？至於那些神智清醒，將敬意埋藏在內心深處的少數人，也因眼前這些可恥的角色不配，而不再付出尊敬。真正的尊敬沒有分身，只有本尊。然而，社會上還是有人模仿它的談吐、特徵和舉止行騙，把徒具形式的公眾敬意，出賣給那些需要光環的陰謀家、弄權者，而且有這種需求的，大多是那些罪大惡極的傢伙。

在如此敗壞的世道下，有才華的遭受迫害，有美德的受人調侃；此外，一堆莫名奇妙的軍階標幟、綬帶、勳章在社會上出現，蠻橫地強迫人民要對「平庸、卑鄙、罪惡」畢恭畢敬。這被用來當作工具，淪為形式的榮譽，不但窒息了真正的榮譽，也腐蝕了輿論，也讓所有人的靈魂為之墮落。

你們這些品德高尚的人啊！不要硬說自己一定分得出來，誰是詐騙高手、誰是專拍馬屁的傢伙，而誰的付出又值得眾人的尊敬。事實證明，你們因為識人不清所犯下的錯誤，早已不勝枚舉。難道你們不願意承認，那些受過你們表揚的人，他們後來的行為舉止，早已不值得懷念、不配受眾人尊敬？非但如此，他們竟然還有臉繼續要求掌聲、繼續拐騙眾人的敬意。那些不值得表揚的公民，我們所蔑視的人！你們卻還浪費公眾的敬意，就這麼有去無回地分給了這種人。

公眾的敬意不該是像這樣被分派的。它應該要自然地流露，當它的對象不配擁有時，敬意便會自然消退。它的原則應該要更純粹，更順應自然，只有名實相符，才能達到真正的效用。它是唯一能夠和具有美德的公民靈魂相匹配的獎賞；是唯一能夠激勵高尚的行為，又不會讓人對虛榮驕傲產生渴求的獎賞；也是唯一人們能夠不用憑著厚顏無恥與奸詐伎倆，就能追求到的獎賞。

再說一次，讓公民依照他們的情感來給予榮譽吧！讓他們能在充滿希望與鼓舞的情緒中，盡情的表達吧！他們知道如何表達這些感情，就像是與生俱來的天賦一樣。屆時你們將會知道，在人們充滿活力的自由競爭中、在各種為了善行而做的努力中，公眾的尊敬，此一偉大的原動力，將會對社會的進步產生什麼樣的影響。[1]

但是你們這些人厚顏無恥，又愛慕虛榮，只會遷就特權。一切都很清楚，你們不是希望受到公民同胞的**表揚**（distingué *par*），你們所追求的是，與其他的公民同胞有所**區隔**（distingué *de*）[2]。這就顯示了你們之所以竭力想用公共利益當外衣，掩蓋這份渴望，正是因為這種私密的情感和非人的欲望之中，充滿了讓你們難堪的傲慢。你們渴望的並不是受同胞的尊敬或愛戴。相反地，你們只聽命於某種虛榮，任其所帶來的刺激擺佈。這種虛榮與人類為敵，因為人類之間所追求的平等將會毀滅這種虛榮，並且傷害到你們的自尊。你們在內心深處責怪自然，埋怨為什麼沒有把公民同胞安排到更低等的物種——他們應該屬於「只以服務我們為目的」的層次啊！對於此事，為什麼其他人不跟我同仇敵愾呢？的確，我們所關心的問題，與你們的私人利益一點都不相干。我們所關心的，是在一個文明的國家中，凡事應該要能夠按功行賞，並且只處罰那些陰謀危害社會福祉的人，而非一般無辜的平民百姓。

上面是對榮譽特權的概括性的描述，現在讓我們繼續談，榮譽特權會對公共利益與特權者，造成什麼樣的影響。

當掌權者把「特權」這兩個字加到某個公民身上的那一刻起，就會讓那個公民的靈魂開始向個人的利益傾斜，或多或少遠離公共的利益。對特權者來說，祖國的概念縮小了；只有收養他的那個權貴集團，才是他效忠的對象。他過去只管努力服務鄉親，但換了個位置，換了顆腦袋，這會兒，他也把所有力量，回過頭來對抗人民。賦予特權，原本是想鼓勵他，希望他未來能做得更好，結果卻只是腐化了人心。

這時，他的心裡開始產生「凡事都想高人一等」的需求，一種永遠無法滿足，想要主宰統治的貪婪欲望。很不幸的，這種欲望跟人類的體質太過相似，是一種實實在在的反社會病症。如果這種欲望的本質是無益的，又會對公民全體造成傷害，那麼請大家判斷一下，一旦輿論和法律大力支持這種特權，會造成什麼樣的災難。

讓我們試著去深入了解一個新進特權者內心的各種情緒。首先，他覺得自己與和他同類的人，構成了一個獨立的等級，是一國之中被選中的子民。他認為自己得先對和他同階級的人負責，想像自己應該要對這個圈子效忠；因此，即使他還是關心圈子外的其他人，但也只是把這些人當成外人，不再把他們當成是自己人了。他不再是一介平民，不再屬於過去那個群體。**人民**在他的口中，一如在他心裡，都只是一群死老百姓（gens de rien）的集合，一個專為服務他而生的階級。而他自己，生來就是為了支配這些人，享受被服侍的樂趣。

是的，這些特權者真的把自己看做一個特殊的人種[3]。這個觀點乍聽之下好像很誇張，而且似乎已經脫離了特權的概念，殊不知，這是在不知不覺中發展出來的自然結果，並且在眾人的心目中，得到最後的確認。

我就這個問題，請教過身邊一些願意講真話、態度開放的特權者（實際上，真的有這種人），我問他看到一般人靠近他，卻又不求他保護時，他最常出現的反射動作是什麼？不正是找個理由打發掉這些人，要不是語帶諷刺，再不就擺出一副不屑的態度，以便隨時開溜嗎？

對特權者來說，這份錯誤的優越感，極其重要，值得推展到與其他公民的所有關係裡面。好像他們來到這個世界上，不是為了與人**混雜**、與人**比肩**、與人**共事**、與人**共處**，什麼都不是。基本上，要他們與人爭執，或表現出理虧的樣子，本質上就是件**丟臉**的事。就算自己是有理的一方，也不應該據理力爭，否則就是是**有失身分**……

但是，在遠離首都的鄉下，這類劇碼搬演得最是離譜。鄉村生活壯大了特權者的優越感，因為少了城市生活推崇的理性和心機，他們更無須遮掩。特權者們在古老的城堡裡，只對自己更加尊敬，在列祖列宗的畫像前佇立良久，陶醉在四五百年前的人，所流傳下來的榮耀中。特權者們無法想像，這種優越能存在於所有家族中，因為自己身上這種特殊的品質，只有某些特定的人種才可能擁有。

通常他會以最謙遜的姿態，向外來的訪客介紹他的家族譜系，這往往能在他的心裡激起最美妙的幻夢。他很少會僅介紹到父親或祖父輩（對特權者來說，用父親、祖父來稱呼他們高貴的先祖，竟然有些難以啟齒）。而被當作壓軸來介紹的，必定是他的家族中是最偉大，也是他所最敬愛、最能滿足他虛榮心的祖先。

我曾見過掛滿父輩畫像的長廊，畫作的技巧不是欣賞的重點，甚至也跟家族的情感無關，一切都是在緬懷**美好的封建主義時光！**[4]

在這些城堡裡面，人們帶著狂喜，像是品味藝術一般，去感受著一株家族世系的巨樹及其衍生出的枝葉。也就是在這裡，我們被逼著去瞭解，在特權者眼中，人所**應該**具有的全部**價值**，及要把每個人放在什麼等級[5]。他們永遠都會記得這些，就算旁人看不到的細節，也絕對不會忘記。

如果這些特權者，每天想著都是這些高尚的情境，那麼城市裡以買賣交易維生的**老百姓**，是多麼的微不足道，讓人鄙夷啊？我們不禁要問：自**由民**（Bourgeois）▲在高級特權者身邊到底算是什麼？特權者目光的焦點永遠放在高貴的**舊日時光**，眼裡所見盡是他的頭銜、權力與地位。他靠他的祖宗十八代就可以過日子了，但是自由民呢？正好相反，他們放眼望去，只能看到低賤的**當下**和無情的**未來**；在替未來打算的同時，還得依賴目前的職業收入，來支撐當下的生存。他們是存在著，而不是曾經存在著；他們用所有的智慧與力量，為我們的當下服務，靠著所有人都需要的工作維生，還得擦去痛苦和——更糟的——羞辱。呿！為什麼那些特權者能停留在**過去**的日子裡，在他的頭銜與往昔偉業中享受，然後將**當下**連同自己一切的無恥卑鄙，全部丟給一個愚蠢的國家呢？

特權者越是自我感覺良好，對人就越是輕蔑。他真心熱愛著個人的尊嚴，儘管他用盡了一切力量，也無法讓這種荒謬可笑的迷信增添任何一點真實性，但這卻的確填滿了他靈魂的空白。特權者對這種不切實際的信仰所懷抱的執念與熱愛，其實無異於比雷埃夫斯（Pyrée）的瘋子▲那

▲此處自由民包含自耕小農、小本生意的商家、批發商等。

▲這個典故，出自羅馬帝國時期的史學家、修辭學家埃利安（Aelian或作Claudius Aelianus, 170-235）作品《史林雜俎》（*Varia Historia*）系列其中的一則故事。故事發生在希臘雅典的港口比雷埃夫斯（Piraeus）。有個人，名叫崔西勞（Trasilau），他把所有比雷埃夫斯港口的船，都當做是自己的，覺得十分開心。有個好心人幫他治好了這個病，把他帶回現實，沒想到卻讓他痛苦不已，一直希望回復先前「發瘋」的狀態。他說：「唯有在瘋狂中，才能保持清醒。」

滿腦子的幻想。

對普通人來說，性質上屬於孤芳自賞的虛榮，在此卻迅速變身為不可遏抑的集體精神（Esprit de corps）。如果一個特權者與自己所鄙視的階級發生了一丁點不愉快的話，首先，他會暴跳如雷，覺得自己最最寶貝的特權受到了傷害，然後他會動用一切可能的資源，鼓動其他有特權的朋友，散播仇恨，形成一個恐怖同盟。他們寧可犧牲一切來維護現有的一切特權，而且還要藉機擴大那些可恨的特權。政治的秩序，就這樣被顛倒了；放眼望去，只剩那討人厭的貴族體制。

然而，有些特權者會說，他們在社會上不管是對沒有特權的人或是對其他人，都是一樣的溫文有禮。我並不是第一個注意到這種法式禮節的人。法國的特權者之所以溫文有禮，並不是因為他認為應該要對其他人有禮貌，而是因為他認為應該要對自己有禮貌。他尊重的不是別人的權利，而是自己的尊嚴。他不想被別人誤認成他常掛在嘴邊的——說得難聽點——**低級群體**（mauvaise compagnie）。一個特權者竟然會去擔心被自己以禮相待的平民老百姓，會不會把他當成一個**和他們一樣沒有特權的人**，這實在讓人無言以對。

哎，請大家要千萬小心，別讓特權者人模人樣的誘人外表給騙了。要保持神智的清明，才能夠看見事物的核心。那些被藏在外表底下的，正是特權者那讓人厭惡的傲慢。

如果要解釋為什麼人會對獲取特權有著熱切的渴望，大家或許會認為，目前「以犧牲公共福祉來圖利特權者個人福祉」的做法，已經是既存的現實。對一般人來說，這種由少數人享有的優越地位，具有誘人的魅力，令人心生嚮往，而其他那些不被其誘惑的人，只能退居一角，以忌妒或仇恨作為報復的手段。

但大家難道忘了，自然從來不會要人遵循徒勞、無用的法則；天意早已決定，眾人所應享有的福祉，皆以公平的方式來分配。而現在若要為了虛榮，拿出真正能讓人獲得幸福的自然情感來交換，不正是在和魔鬼打交道嗎？

回想一下我們自己在曾經經歷過的遭遇吧。[6] 睜開眼看看那些靠著優勢地位，在鄉下享盡了誘人的優越魅力的大特權者、大代表們。看看他們因為地位上的優越得到了多少好處，但他們卻還感到孤獨，無聊到心靈疲憊，這些不都是違反了自然法則的下場？再看看他們急忙回到首都，熱切尋找能和他們平起平坐的人，好繼續一起在虛榮的土壤上播下種子，以便採收更多能讓人驕傲的荊棘、麻痺良知的罌粟的樣子，就能知道這一切是多麼的荒唐！

我們很清楚：對照於受統治者，統治者具有法律上優勢。但絕對不能把它跟由特權者所營造出來，那種荒誕不實的優越性給搞混了。統治者具有合法的優勢地位是真的，也是必要的，但它並不會讓人變得傲慢，更不會使其他人受辱。這種優勢來自於所擔任的職務，而不是個人本身。然而，就連這種必要的優勢地位都會損害到平等所帶來的美好了，那我們對於那些特權者自己沉湎其中，純屬幻想與虛構出來的優越，又該作何感想？

哎，要是人們願意認清自己的利益究竟在哪裡就好了。如果每個人能曉得，要怎麼樣才能為自己的幸福做點什麼，那就太好了！要是他們願意睜開眼睛，去看看自己的冷漠與輕率，是如何讓他們一直忽視自由公民的權利，而去盲目追求那些空虛的奴役特權，他們一定會迫不及待地放棄那些從小就開始誘惑他們的各種虛榮！他們就會對那種在專制制度下，沆瀣一氣的事物秩序產生懷疑！公民的權利包含了一切，而特權則會腐化一切，帶來奴役，所造成的傷害無法彌補！

目前為止，我將所有特權混在一起談，並沒有去區分特權是世襲而來，或是自己求得的。這並不表示兩者對社會造成的危害程度一樣。要是惡性與荒謬能被排序的話，世襲的特權必然要排在首位。我不願浪費腦力去證明這種顯而易見的真理。把特權變成一種可以轉讓、可以世代相傳的財產，這種行為把特權正當化的最後一個藉口，都給消滅殆盡了。因為這種「世襲特權」的行為，拋棄了所有的原則，遠離了所有的理性。

還有更多有智慧的見解，能讓我們看見特權的致命效果。先看一個普遍的現象：就算是一個錯誤的概念，只要用個人利益作為包裝，加上了幾個世紀以來先人往例的支持，便足以讓所有理性的判斷失效。在不知不覺中，一個又一個偏見，使我們身陷於一套極度反理性的規範與教條之中。而更讓人痛心的是：人們長久以來的盲目與輕信，卻從來不見有任何動搖。

因此我們看到，在整個國家的人民都還沒想到要抗議時，我們的眼底下已經湧出大批特權者，他們有著近乎於虔誠的強烈信仰，相信光是憑他們的出身背景就應該要得到榮譽，並且還要在人民的奉獻中分到屬於他們的一份。這些特權者僅靠分得的奉獻，一輩子就足以衣食無虞。對他們而言，凡事只要靠頭銜就夠了。

事實上，把自己視為另一個人種，並不能夠讓特權者感到滿足，他們還謙遜的，並且近乎真誠的，認為人民需要他們和他們的後代，而不是需要處理公共事務的公務員。憑著這樣的身分，他們就好像足以成為公眾委託的全體代表，而不用去追究，他們到底來自於哪個階級。正是因為像他們這樣的人，形成了一個特權集團，他們才會認為，自己在所有君主政體的社會裡，都是不可或缺的存在。他們和君王或是政府首長講話時，表現得像是君主王位的支持者、和現任政權的天然捍衛者，而與人民對立。相反的，在對全體國民講話時，他們搖身一變成了民族的忠實守護者，好像這個民族若是沒有他們，就會被在上位者給踩爛一樣。

政府只要再有智慧一點，就能夠看見：一個社會所需要的，只有在法律保障下生活與行動的公民，和負責護衛他們的監護機構。我們早已說過，制度上唯一必要的等級，只存在於一般公民與代行主權的人之間。只有在這裡，我們才需要權力層級的區分。也只有在這裡，才有真正的上下之分，因為我們需要這種從屬關係，來讓公務機器運轉。

除此之外，所有公民在法律之前一律平等。所有公民皆自有所屬，但並不是誰從屬於誰，所謂的誰從屬於誰，只是無用的奴役關係。公民所從屬的，是那些保護他們、為他們仲裁，及能夠捍衛他們的權威。財大勢大的人，並不比只領日薪的人**更優越**。如果要講富人們繳的稅比較多，那是因為他們要求得到保護的財產也比較多。不然難道是窮人所繳的錢，就不是錢？窮人的權利，連帶也比較不值得尊重嗎？少說，也該受到相同的保護吧！

就是因為這些簡單的觀念被混淆了，所以特權者才能在高談人民應該服從政府與法律之餘，還必須建立另一種隸屬關係。有人想拿管理軍隊的態度用在民事問題上，把整個國家當成一個大軍營。更荒謬的是，有一本最近出版的書，裡頭竟然將特權者與無特權者，比擬成軍官與士兵的關係！要是去詢問那些具有僧侶精神的人（因為，僧侶精神和軍事化管理，兩者關係匪淺），他會馬上回答：「一個國家要有秩序、政府要能運行，非得靠大量的法規管理不可！」拜這種想法之賜，教會修院才能使為數眾多的人，屈服其淫威之下！話說回來，雖然很少人會用「卑鄙」一詞形容僧侶精神，但那些教士不也正享受著比一般人更高的聲譽？

我們把話說白了吧：只有那些完全不瞭解在一個社會中，是哪些真實的關係將人們連結起來的人，才會抱持這麼狹隘又無恥的觀點。一個公民，不管他是做什麼的，只要他不是權威的代理人，就完完全全是自己的主人。除了改善自己的生活和享受自己的權利，他只要不侵害他人的權利，不去違反法律，那就什麼都不用操心。一切公民與公民間的關係都是自由的關係。一個人提供他的時間或是商品，另一個人用金錢來交換，完全沒有隸屬關係，只有交換在其間持續發生[7]。如果要現今狹隘的政治環境中，另外分出一個公民集團，並將它置於政府與人民間，如果這個集團能夠共同承擔起政府的職能，那它就不會是我們所說的特權階級。如果它並沒有屬於公共權力的基本職能，那誰能夠來解釋一下，這樣的一個中間集團，如果不叫做有害的累贅，那什麼是累贅？這個卡在中間的集團，如果沒有從中作梗，阻斷統治者與被統治者的直接關係，那也會對公家單位的各部門施加壓力，再不然就會因他們自身與公民全體的不同，而造成共同體的另一個沉重負擔。

每個公民階級皆有其功能與獨特的職能，而社會因為各公民階級的參與，才得以照常運作。如果公民中，有某個階級企圖擺脫這種規律，我們將會清楚地看到，不滿足於現況的他們，不但一事無成，而且還會成為其他人的負擔。

社會的兩大動力是什麼？**金錢與榮譽**。社會的運作是透過我們對於金錢與榮譽的需求來維持的。在一個懂得珍惜良好風俗習慣的國家裡，不會把這兩個動力分開來看。社會絕對不可能只靠其中一種，就能維持運作。無論做哪一行，多少都有這種「希望自己的作為值得公眾尊敬」的那種企圖心，是能夠避免對財富的熱愛過了頭的一種剎車裝置。要討論特權階級，我們就必須去了解這兩種不同的感情，在他們之間是如何轉變的。

首先，特權者被保證能夠得到榮譽：這是已經確定了的封賞。對其他公民來說，榮譽是一種對於善良行為的獎勵，這沒什麼問題。但對特權者呢？他們生下來就享有榮譽，根本沒有體會過需要贏得榮譽的需求。因此，要他們去做一些值得被獎勵的行為，好讓自己得到榮譽，他們根本就覺得沒必要。[8]

再來是**金錢**。確實，特權者們應該會強烈的感覺到自己對金錢的需要。他們甚至會更加耽溺於金錢的遊戲中，因為他們對自身地位優越的偏見，不斷慫恿著他們去揮霍。他們不用擔心放縱無度，因為他們不必像其他人一樣，得去顧慮自己可能會因此而失去榮譽，及別人對他們的尊重。這些他們早就有了，還得到了保證，不可能會失去。

然而，矛盾的是，階級上的偏見，卻不斷慫恿著特權者去揮霍金錢；另一方面，由於特權者帶著有色眼鏡，自己也拉不下臉、放不下身段，循一般人的途徑來賺錢。

如此一來，特權者們比其他人更容易受到錢財的操控，他們還剩什麼手段來滿足這他們對金錢的愛呢？一切只剩下心機算計與乞討哀求。心機與乞討變成這個公民階級的專業所在。甚至可以說，藉由這兩種手段，他們在社會上的所有行業中，幾乎都能佔有一席之地。他們每天都在鑽研，因此技術出眾；這麼一來，凡是透過心機與乞討就能夠獲得豐碩成果的地方，他們就把部屬安插進去，排除掉所有來自非特權者的競爭。

這種人在宮廷裡隨處可見。他們圍攻大臣，壟斷了所有恩寵、年金和帶有薪津的聖職，還打起教堂、法院與軍隊的歪主意。只要瞥見哪裡有一筆可觀的收入，或是可以撈到這筆收入的權力，及與其扯得上關係的各種職位時，要不用多久，他們就會把手伸進去，拿走這個肥缺。這與適才適所無關，他們只是要確保，特權家族的體面地位能繼續下去。

這些狡猾的傢伙，並不會因為自己的陰謀詭計有多高竿而安心，他們害怕大臣們總會有某些時刻，因為偶然想起了公眾利益，而與他們立場相左，所以他們會盡可能的去利用某些政務官的愚蠢與背叛，以便透過完備的法律程序，或是特別為了他們所設置的排他性法律，來確保他們的壟斷能被長久認可。

屬於全民的國家，就這麼的落入了公共經濟學中最具破壞性的原理中。無論我們再怎麼要求，希望在一切事務上盡可能的任用最能幹、開銷最低的公僕都是枉然，因為壟斷本身，會自行去選擇那些最為鋪張浪費，而且必然是最無能的人。這就是壟斷所能達到的效果：在自由競爭的環境中，阻止能有好表現的人獲得發展的機會。

特權階級的乞討，對於公共事務的危害較輕。他們像貪婪的枝條一樣，拚命的吸取主幹的養分，但至少還不打算取代主體本身。特權階級的乞討和其他的乞討一樣，都是伸出手，竭盡所能的想要激發他人的同情，好能憑空得到施捨。只是相較起來，他們的姿態不那麼卑微，必要時，還會收起乞求布施的姿態，用一種命令的方式，就像是要別人盡義務一樣，滿足他們的需求。

此外，對於輿論來說，只要算計與乞討的得利者僅限於特權階級，那特權者所使用的手段就成了值得被尊敬的了，不但如此，最後也真的得到了人們的尊敬。大家就愛聽特權階級吹噓這種事情，這能引來他們的羨幕，覺得自己也能效法跟進，而不是去蔑視其卑劣的一面。

這類乞討主要發生在宮廷裡。在這裡，最有權和最有錢的人將率先從乞討中獲得最多好處。

於是從宮廷開始，他們的成果持續發揮作用，一路延伸到最偏遠的外省深處，讓那些想要游手好閒，期待光靠犧牲公眾利益，就能體體面面享受生活的人，又燃起了希望的火苗。

這裡的問題，並不在於特權等級已經是王國中最富有的一群人，也不在於幾乎所有的土地與財富都已經屬於他們。問題在於他們揮霍作樂的開銷，已經遠超過他們所能負擔的。最後一定會出現貧窮的特權者。

但人們一聽見「貧窮」這個字和「特權者」連在一起，便立刻發出怒吼。一個國家的特權者，竟然會淪落到維持不了自己的姓氏與地位，這真是把國家的臉給丟光了！這種混亂非得趕快補救不可。雖然大家並沒有為了這件事情，而去要求國家以加稅的方式解決，但很顯然，所有公共支出的來源，除了人民繳納給政府的稅收，沒有其他來源。

這時，行政機構由特權者組成的好處就顯現了。這些機構如慈愛的父母般，不眠不休地照料守護著屬於特權者的利益。行政機構為了讓那些貧窮的特權者，男男女女都能接受教育，興建豪華的校區，據說其奢華的程度，足以讓全歐洲的特權者稱羨。雖然比起人為的制度，「命運」本身展現出更高的智慧，將有需要的人，引導回依靠工作維生的普遍法則上，但此時此刻，命運卻使不上力。在這種重建良好秩序的過程中，特權者除了將問題歸咎於命運的捉弄之外，其他全都視而不見；甚至，還有意識的不讓來受教育的學生們，養成和一般人一樣以勞動來謀生的習慣。

在這個縝密的計畫之中，特權者故意去引導學生，暗示他們應該以盡早成為公民的負擔而感到驕傲。好像不管怎樣，接受其他公民的施捨，就是要比能夠自立更生來得光榮！

學生們收下了懷柔的第一個保證後，便能獲得金錢資助、津貼和勳章，作為他們願意接受的答謝。

看看這些年輕的特權者們，一長大成人，就可以享有地位與薪俸，其中還有人抱怨得到的太少！但是看看那些同年齡的非特權者吧，他們所做的工作不但需要才能，還得要花時間學習。看看他們當中有哪一個，在有幸能夠靠不確定的長期工作養活自己之前，可以不仰賴父母的資助過活！

所有的大門都對特權者敞開，而且有求必應。他們只消露個臉，人們就會敲鑼打鼓，好像只要能表達出對特權者的關心，就是件光榮的事。人們熱心的關照他們，不管是大事、小事、買賣，或者財富。甚至連政府——沒錯，本來應該屬於公眾的政府——也不得不千方百計，秘密的為他們的家族提供協助與安排。

他們在特殊的婚姻協商中圓滿達成。他們在行政機構任意開缺安插，在檯面下進行昂貴交易，甚至還把國庫裡的錢拿來供其支用。還有更多的事，不及備載。

就算是得不到這些高級待遇的特權者們，也能夠在其他地方找到豐富的資源。大量由男女擔任皆可的神職、純屬掛名，或擁有名不正言不順的軍階，都能用各種不公正而危險的名目為他們帶來薪俸、領地與年金，至於勳章，那也絕對少不了。而我們的上一代所犯下的錯彷彿還不夠，近些年來，人們竟然還熱心奔走，幫助這些無功受祿的特權者，把那原本就已經非常可觀的薪俸再向上提升。[9]

要是以為特權者會看不上不夠好的機會，或是嫌施捨太微薄而不要的話，那可就錯了。國王用來施捨的預算，大部分都被他們弄走了。特權者哭起窮來，根本不必等到挨餓受凍，只要他們覺得自己那顆虛榮的心受到傷害就已經足夠。就這樣，所有公民階級中真正的貧窮者都被犧牲了，就為了特權者對虛榮的貪求。

只要稍微回顧歷史，我們就能看到，在恣意掠奪與侵占的案例裡，特權者的身影隨處可見。就算是使用暴力或搶劫，也保證不用受到處罰，根本連乞討都不用乞討。特權者一直要到伸張公共秩序的曙光出現後，才開始他們的乞討。由此可知，他們的乞討和人民的乞討完全不同。人民的乞討，是隨著政府的腐敗而出現；而特權者的乞討，則是隨著政府的改善出現。的確，只要我們比現在再進步一點，就能讓這兩種社會問題同時絕跡。只是，要問題解決，絕對不是以餵養的方式，滿足他們的乞討而能達成的，尤其特權者那些不可寬恕的乞討，更不能心軟放行。

我們必須承認，在面對一些再怎麼幫忙也於事無補的狀況時，我們自然會找到辦法來避開惻隱之心對自己所做的責難。有時是像個壓迫者一樣，對結果視而不見；有時是把自己當成受到壓迫的人，讓自己對自己產生同情。特權階級對這方面早就瞭若指掌，他們知道要以什麼方式替自己做出區隔，以免得不到所要求的施捨。只要他們覺得現有的權益受到了損害，他們一定會在第一時間去乞求國王與全體國民慷慨解囊。

在過去的三級會議和權貴會議的記錄中，對於**貧窮的特權階級**所提出的要求有利的部分難以勝數。[10] 長久以來，直轄省（Pays-d' États）▲一直密切注意著任何能夠再將年金額度提高的方式，好能提撥更多的款項給**貧窮的特權階級**。接著，各省政府也步上後塵，連著三個等級一起——因為他們都只由特權者所組成——帶著崇敬與讚賞的心情，逐一傾聽那些想救濟**貧窮的特權階級**的人所提出的意見。各省總督為此開始尋求各式專款，而他們的手段之一，就是對命運可悲的**貧窮的特權階級**，表達強烈的同情。最後，無論是書本上、講台上、科學院所舉辦的演說中、人們的日常談話中，乃至於任何時間、任何地方，如果你想要引起聽眾的興趣，只要提到**貧窮的特權階級**就夠了。等到大家開始接受這種論調，並習慣這種說法，甚至盲目地把這事情當作理所當然之後，「貧窮的特權階級」再也沒有什麼辦不到的事了。更別說那些為了拯救貧窮的特權階級，已經施行的種種手段。說真的，我真的不知道為什麼還沒有人去教堂放幾個捐款箱，指明要用來奉獻給**貧窮的特權階級**？[11]

此外，我們有必要在此提到一點，就是能讓特權者獲得取之不盡的財富的「交易」。這種交易，一方面建立於「門第之見」的基礎上，另一方面，還建立在一種比虛榮心還要更強而有力的貪婪慾望之上。我指的，

▲在法國大革命前的舊制度底下，擁有省級三級會議的省份，這些省可和王室協商稅金提升、教區畫分等事務。

就是被講得很難聽的「高攀」[12]，所謂門不當戶不對的婚姻。不過就算被說得再難聽，也沒辦法讓阻止那些愚昧的公民們去自取其辱。

只要有個平民階級的人，努力工作，賺到一大筆值得羨慕的財富；或是稅務機關，用較為輕鬆的方式，累積了金銀財寶，那些特權者馬上覬覦這些財富，想據為己有。特權者只要運用他們的階級，就能將他們想要的財富弄到手。我們這個可憐的民族，似乎註定要無止境地勞動，繼續貧窮下去，只為了滿足那些貪念無窮的特權階級。

在這個社會中，無論是農、工、商，或其他各行各業，為了真正幫助自己、提高自己的地位，他們把部分巨額的資金，交出去當作公共的財產，希望讓國家能繁榮昌盛，然而一切都只是枉然。這些資金累積下來何其龐大？結果卻像把錢丟到海裡，激不起一點漣漪。特權者的貪得無厭，吞噬了一切；平民所交給國家的錢，全都獻給了那些不事生產，又不知感恩的特權者，最後，連一毛錢也不剩。

特權的問題是永遠說不完的，那些想要維持特權的私心，也一樣多到難以估算。但讓我們放下這些，暫時不要再去想那些潛在問題。我相信，總有一天，我們憤怒的後代，在讀到現在所發生的一切時，必然會瞠目結舌，也會給這段歷史應得的評價——這是一個前所未見，大家精神錯亂的時代。在我年輕的時候，曾經看過一些勇氣十足的文人，他們面對那些強大又對人類有害的主張，能夠無所畏懼的抨擊、抵抗。而今，他們的後繼者卻只會老調重談，淨寫一些明知已是過時的想法，還去反對那些已不復存在的偏見，請問文人該有的風骨何在？

支持特權者的存在，是所有的偏見中，最具毀滅性的一種，也深深折磨著所有的人。一旦支持特權者的論調和社會結合得越緊密，那麼社會也就腐化得越深，連帶著，捍衛特權的人，也就會越來越多。維護特權的動機，實在多到不可計數。原本覺得這一切無關痛癢的文人雅士，面對這個問題時，竟然顯得一臉茫然、不知所措；不過，這麼多關於特權的討論，也讓愈來愈多真心愛護這個國家的人，站出來發聲，激起了另一股熱潮，引發更多的關注與討論！

註釋

1 此外，我所說的是一個自由民族，或是將要成為自由民族的那些人。確實，公共榮譽的分配並不屬於一個奴隸民族。對一個奴隸民族而言，道德的貨幣永遠都是假的，不論把這貨幣交給他的是哪隻手。

2 如果大家想要指責這條註釋有一點過於形而上（métaphisique），卻不明白這個字眼對那些心神不專的人而言，已經變得如此可怕時，我得說，這種區別（distinction）不過是種差異（différence）而已：這種區別同時分屬兩端；因為，如果A有別於B，同理，顯然B也有別於A。由此，如前所述，A與B雙方之間是「一個巴掌拍不響」。所有個人、所有存在物本來就一定是彼此不同的。在這點上沒什麼好驕傲的，也就是說，所有人都有相同的權利。在大自然中，優勢或劣勢並不是一種權利，而是種事實：得優勢者，強奪他者。真相是，這種事實上的好處，假定了一方的力量勝過另一方；然而如果我們想最終談到前者，那哪邊才是優勢者？我們認為誰優勢誰屬，是公民全體，還是特權者？

相反地，被推崇（la distinction par）是繁殖能力最強的原則，能生出良好行為、善良風俗。然而，如果這個原則的中心是在推崇者（ceux qui distinquent）的靈魂裡，而不是在那些想要分派榮譽的人手上；如果這是推崇者的情感，並且是不會消失、不會改變的情感，那就必須同時認為：這種情感本質上是自由的，而不論是誰，若是想不顧我的意見與敬意，就想擺布這種情感，那就是極端的瘋狂。

3 既然我不想被指責為過分誇大，我得請大家讀一讀一份原始文件的結尾，是我從一六一四年三級會議中的一場貴族等級的口頭訴訟中摘出來的。

4 在這樣的時刻，誰沒聽過這位展示者殷勤地發表看法，說到在西元一千兩百多年左右，這位好基督徒：他封賞領地的臣僕獻策不佳……，說到那個誰（當然啦，得用古代的發音唸他的名字），他笨拙地被捲入一宗叛變，付上砍頭的代價，等等…但總是在西元一千兩百多年左右…我想和這個天賦異稟的傢伙說說最近的某位女士，出自一個人數眾多且成分優良的小圈子，她嚴厲抨擊某個皇室家族裡的某人在現實中的犯罪情況。突然，她以一種難以描繪的口吻，中斷自己的抨擊，說道：「但是，我不知道自己為什麼會說這麼多不該說的話，因為我能歸他所有是一種榮幸。」

5 我不打算提出所有細微的差異，所有特權者習慣的言語花招。對於這種語言，我們得要有一本專屬的字典，裡面將有許多全新的段落；因為，這本字典並不呈現字詞固有的或是比喻的意義，相反地，卻要解除字詞真實的意涵，在字詞底下什麼也不剩，只留下理性的黑夜；我們在這本字典中會讀到，什麼是一個**還沒有**特權的特權者。那些有特權者本性的人，是**善人**。這些人在神面前**蒙恩**，和那許多在君王面前**蒙恩**的特權者大不相同。我們不記算入那些不嚮往蒙恩的公民，他們已淪落到只能展現自己的個人特質的地步：這不是什麼別的，這就是國民。在這本新的字典中我們將學到，對那些沒有高貴**出身**的人而言，沒有出生這回事。就連那些由君王恩賜的特權者，也只敢想自己只**出生了一半**，而國民則毫無出身可言。無須指出，此處所謂的出身，指的不是出身於父親和母親；而是出身於君王賜予並在上面簽字的特許證，或者更好的是，出身於我不知道的地方：這最受人尊敬。舉例而言，如果您認為所有人都必然有個父親，有祖父，有祖先等等，那您就錯了。在這方面，生理上的確信是不夠的，只有Cherin先生的證書才有效。我們說過了，要有古早的起源，就得是個**善人**。新封特權者們是**昨天剛出生的**，而沒有特權的公民們，如果不是顯然還沒出生的話，我不知道你們會怎麼說。我承認，對於特權者們沒完沒了的申論，堅持不懈地談論自己的崇高卻從不迷失自己，這種才能令我驚嘆不已。在我看來，我們能聽到最神奇的事，是那些總是在自己的**榮譽**、自己的傲慢前面下跪，然而這樣一副好心腸卻覺得其他人卻完全沒有同樣的要求。我肯定，特權者的意見和他們的感情一樣高級；為了提出新的證據，我將根據他們看待事物的方法，呈現真實政治社會的圖像。他們認為社會是由六到七個上下隸屬的階級所組成的。第一個階級是**爵爺**（les grands Seigneurs），也就是在朝廷裡的那些人，透過出身集聚了大部分的財富。第二個階級包含了有名的**名士**（Présenté），那些**出風頭**的人，這是些**有才能**的人。第三級是那些沒有名的**名士**，他們只想得到登上新聞的榮耀，這些人算**小有身分**的人。第四個階級，在此混雜了**非名士**，但他們可能是善人，包括所有的外省**紳士**們；這是用於他們身上的稱法。第五個階級，是那些有點古老的**貴族**，或者說是**毫無價值**的傢伙。第六個階級，出現了，或者說是降到了新封**貴族**，或是說**比沒價值更沒價值**的傢伙。最後，為了不遺漏任何人，我們很樂意加上第七個類別，也就是剩下的公民們，除了污辱的話之外，沒有別的方式可以描繪他們的特徵。站統治地位的特權者們眼中的社會秩序就是如此，除了對那些自認不屬於這個世界的人之外，我沒說出什麼新的東西。

6

社會的存在，是為了所有命運不受詛咒、無需承擔無止盡的工作的人，是一種純粹的泉源，富有令人喜悅的快樂；我們感覺得到這點，而那些自認為最文明的人民，也吹噓自己擁有最美好的社會。最好的社會應該在哪？或許，就在那些最同心合意的人能夠自由地親近彼此，而那些互不投緣的人能毫無障礙地彼此分開的地方；就在有一定數量的人當中，有更多人能擁有才幹與社會精神的地方；就在人們彼此之間，除了人們聚會後自己提出的目標之外，其選擇不受任何其他考量阻礙的地方。如果等級偏見對如此簡單的安排，不用各種方式反對的話，我們會怎麼說？多少名門世家的主人被迫遠離他們最關心的人，只為了他們自己都覺得厭煩的高層特權者！在你們自我吹噓又極盡無聊的上層社會裡，你們徒勞地裝出這種你們自己都無法不感到是種絕對必要的平等。並不是在短暫的瞬間裡，人們就能改變自己的內心，變得盡可能人人為我，我為人人，除非平等是一輩子的現實，而不是少數時刻的遊戲。這方面的問題是說不盡的，我能做的只是提出幾點看法。

7

我相信，為了方便對話進行，對我們剛說過的兩種等級制進行區分是非常重要的，按照**真實**和**虛假**的等級制的名義來區分。執政者之間的漸次分級，與被統治者對不同合法權力的服從，在所有社會中形成了必要的真實等級制。被統治者在彼此之間，只會有虛假的等級制，這種等級制既無用、又可恨，是封建習慣的醜陋殘餘。要在被統治者之間設想某種可能的從屬關係，前提是必須有一支武裝部隊、征服一個國家、讓自己成為資產者，同時，為了共同防衛，還得讓社會關係習慣於軍事紀律。正是在這種情況下，政府融入了民事紀錄：人民已不再是個民族，而是一支軍隊。

相反地，在我們國家，公權力的各個部門，包括為數眾多的軍隊，其組織方式都是為了強制普通公民繳納公共費用分擔額度的方式組織起來的，少數部門除外。我們千萬別被騙了：在特權者們吵吵鬧鬧地引為理據這一切**隸屬關係**、**從屬關係**等等的名頭底下，並不是真正的隸屬關係的利益在做主，這些名頭不過是些虛假等級制的例子；他們想在真實等級制的殘骸上重建的正是這種虛假等級制。聽聽他們在談到政府裡的普通公務員時都說些什麼；看看一個仁慈的特權者認為該帶著怎樣的蔑視來對待這些普通公務員。他們在一個警察總監身上看到什麼了？不過是個小老百姓或是死老百姓，他的職務只是用來恐嚇百姓，而不是為了執行任何**把人當人看**的事情。我所引述的例子，所有人都能理解。讓我們誠實的講，如果只有一個特權者相信自己從屬於某個警察總監呢？其他特權者，除了那少數幾個軍事領袖之外，他們會怎麼看那些行政權不同部門的代理人？難道我們不常聽到他們說：「我**本來**就不需要服從部長；而若是國王賞光，給我命令的話……」等等的話嗎？我得將這個主題交給讀者的想像力，或者應該說是讀者的經驗了。但能注意到隸屬關係和真實等級制的真正敵人，這是好的，因為正是這些人在熱心地虛傳對虛假等級制的服從。

8 讀者應可注意到，我們在此並未混淆榮譽（honneur）和人們以為可替代榮譽的**名譽擔保**（point d'honneur）的用法。

9 政府的做法確實顯示出某種詭異的矛盾。一方面，政府毫不節制地出手抨擊獻給教會的財產，而教會至少讓國庫免於負擔這部分的公共職能，而同時政府還試圖盡可能奉獻更多財產給教會，但在另一方面，政府又奉獻財產給毫無職責的特權階級。看看新創設的教士會議，十分啟人疑竇，它在使用時轉移了特權者（不分男女）；如果我們試圖了解其中隱藏的動機，那就更詭異了，這些動機已經毫無羞恥到失去了作為教會基礎的真正精神，如果要進行變革，那這些新的教士會議根本不應該存在，至多只能為了真正屬於國家的利益存在，並且只能透過國家而存在。

10 今天，因為普世正義的各項原則已得到更為廣泛的流傳，而各法院轄區的議會要面對的目標又是如此遠大，我們或許可以期待，他們不會用我們過去所謂的

乞食調來玷汙他們的會議備忘錄。

11 我猜想，人們會覺得這段文字語氣惡劣。這只代表了：在這種藉口底下，禁止這些精準並且通常是生動有力的說法，這種權力還是屬於特權者們的權利。

12 單是為了把話說清楚，我們就應該用另一個字眼來代表朝富人伸手乞討愚蠢祭品的行為；需要一個清楚指出這種婚姻是哪邊**門戶**跟哪邊**不登對**的字眼。

13 如果榮譽像人們說的一樣，是君主制的原則，那就至少得承認，法國為了強化君主制，在原則方面已經長年做出了偉大的犧牲。

尋找我們這個時代的革命
《論特權》推薦

吳叡人（中央研究院臺灣史研究所副研究員）

「並不是在短暫的瞬間裡，人們就能改變自己的內心，變得盡可能人人為我，我為人人；唯有當平等是一輩子的日常現實，而不是少數時刻的遊戲之時，人們才會如此［相互扶持合作］。」

——西耶斯《論特權》

一

西耶斯（Emmanuel Joseph Sieyès）被思想史家稱為「**法國大革命的化身**」，因為他在一七八八年到八九年間出版的幾本政論小冊子，特別是《論特權》（一七八八）和《何謂第三等級？》（一七八九）這兩篇傑作，不僅預示了法國舊政權（*ancien regime*）下封建等級制秩序的瓦解與民主平等的新秩序之形成，同時更亦步亦趨地介入了這個過程，成為新興的第三等級革命家在從教士與貴族手中奪回主權，在一七八九年八月四日的國民議會中宣布廢除封建等級制，重構法蘭西民族行動的指導藍圖。

如果《何謂第三等級？》排除封建統治階級，確立了第三等級（布爾喬亞）做為唯一民族主體之地位，那麼《論特權》則摧毀了封建秩序的根基，也就是基於身份等級制的特權體系。

舊政權時代的法國社會，基本上是以等級身份或地域區隔的團體（corporate bodies）所組成，而構成每一個身份等級或地域團體認同的核心要素，就是每個團體所獨佔享有的「特權」。在舊政權體制下，這些特權是連結國家與社會的機制，也是政府統治的重要工具。每一新王朝發軔之際，甫登基的國王會發佈詔書重新承認治下各省與各等級擁有之特權，而做為**交換**，各地域與等級團體則默認新王朝統治之正當性。前密西根大學歷史系教授比恩（David Bien）指出，這種**封建的恩庇——侍從**（patron-client）**體制**發揮了類似英格蘭憲政主義的功能，在一定程度上制約了王權。然而在另一方面，這種基於特殊主義的特權體制也將法國社會切割成不同的身份、等級與地域群體，並且排除了絕大多數的平民，同時也嚴重限制了國家向社會汲取財政資源，進行重分配的能力。大體上，革命前夜的法國是一種建立在**社會分裂與間接統治**的前現代國家型態，而「**特權**」就是一種**有限度的黏著劑**，用利益交換連**結了寄生的統治階級，但卻疏離了真正從事生產勞動、創造社會財富的平民**。這個社會與政治形構不可能產生盧梭所說的「總意志」（*Volontè générale*），只能仰賴君主發揮象徵的統合功能。

二

十八世紀八〇年代大革命前夜，法國國家財政危機迫使路易十六政權思考廢除教士與貴族階級的免稅特權，此舉導致了貴族與教士階級之反彈，而他們維護特權的舉動則促使法國輿論開始重估國家的性質與意義：**到底「國家」是一群寄生特權集團的集合體，還是由共同紐帶與理念所結合的共同體？**特權在政治共同體中的角色，於是成為這波政治反思的核心問題。在很短的時間之內，公共討論的方向就從承認特權作為一種國家治理的原則，轉變為拒絕特權，認為它破壞了共同體的團結。由於辯論導火線是法國財政危機，所以公共討論焦點遂集中在財政特權，並且逐漸形成「**特權**」與「**民族／國民全體**（nation）」二元對立的討論圖式。「Nation」一詞成為「共同利益」的代名詞，並且逐漸取代了舊有的「王國」，成為法國人政治認同的核心。最終，一個要求法律之前平等享有權利、負擔義務，並且接受全國統一性施政的公民的民族（civic nation）觀念逐漸在論述交鋒中形成。在這場革命前夜的國家願景辯論中，西耶斯的幾本小冊子，有如美國獨立革命中潘恩（Thomas Paine）的《常識》一般，點燃了新的法國民族想像之火焰。

新的想像誘發了新的革命性行動，因為平民革命者渴望依照新的願景形塑自己的共同體。要解決財政問題需要召開三級會議投票，然而涉及自身利益的教士與貴族是否應該擁有投票權立即受到質疑。教士與貴族雖然願意放棄財政特權，但卻仍想保有封建政治特權，也就是在三級會議內不成比例的代表權與投票權，而這當然遭致了第三等級的反對，因為他們認為新生的法蘭西Nation必須在平等、普遍的基礎上才能真正達成整合，繼續維持身分等級制只會造成切割與分裂。做為一個上升的歷史集團（historic bloc），第三等級終究取得了霸權地位，於是依據理論家西耶斯的劇本，在一七八九年六月十日至十七日之間，第三等級單獨召開的會議取代了三級會議，變成了全體國民的會議（*Assemblée nationale*）。一七八九年八月四日，新生的國民會議正式廢止一切封建特權，宣告以平等基礎將全體國民納入政治體系之中，完成真正的民族整合。做為平等的泉源，以及公民崇高理想與行為之投射對象的「nation」，於是成為克服舊封建典範所造成的切割分裂之統一性理念。這是西耶斯做為法國大革命前期——一七八九年五月到七月的「法律革命（*révolution juridique*）」——的思想工程師（intellectual architect）事業的高峰。

三

美國政治哲學家沃林（Sheldon Wolin）在他的西洋政治思想史經典《政治與願景》（*Vision and Politics*）一書中，曾指出思想與行動之間的辯證關係：政治思想中蘊藏的未來想像，誘發了政治行動者試圖以行動實現這個想像的熱情，而他們的行動又反過來型塑了下一世代思想家的政治想像。沃林稱這種政治想像為「**建構性願景**」（architectonic vision）。西耶斯在革命前夜的幾本小冊子中描繪的舊社會崩解與新秩序誕生的圖像，就是一種典型的建構性願景。不只如此，西耶斯的建構性政治思想所召喚出的現實政治行動（至少到一七八九年六月國民會議成立為止），構成了一種幾近完美的對應關係，而他自己更參與其中，成為第一線的行動者，因此才有論者將他譽為法國大革命之「化身」（personification）。

當然，這種理論與行動的完美合致未必是思想家——行動者所預見或意圖的結果。研究西耶斯的當代名著《資產階級革命的修辭》（*A Rhetoric of Bourgeois Revolution*）作者蘇維（William Sewell）就指出，西耶斯攻擊的對象其實主要是貴族的特權，並不包含他認為具有一定社會政治功能的教士階級與部分富裕第三等級所擁有的特權，然而八月四日第三等級主導的國民會議卻廢除了所有的特權，遠遠超出了他的原始構想。蘇維認為，這是第三等級對現實的誤認所致：啟蒙運動的功利主義思想使他們將具有一定社會功能的封建特權（如教士與部分第三階級）視為合理，乃至於遺忘其存在，以致於他們竟然誤以為八月四日的決議所廢止的，只是特別顯著而惡劣的貴族階級特權而已。正是在這個**集體失憶**（general amnesia）的脈絡中，西耶斯有限度的特權廢除論，才如此強有力地捕捉了一七八九年夏天法國人的公共想像，非預期地促成整個封建秩序的廢除。蘇維稱此為「**失憶的修辭學**」：從舊政權裂縫中探出頭的反叛思想的溫和火苗，經由啟蒙精神的折射，竟然加速擴大燃燒，爆裂出托克維爾所說的「民主平等」時代的來臨。

四

然而在二〇一四年的臺灣，在一個後現代的民主社會，如此著意重譯、並且刻意以小冊子的形式出版《論特權》——一篇出版於兩百二十六年前法國大革命前夜，批判舊政權封建特權體制的政治論文——到底有什麼用意呢？被大革命魅惑了兩百年以上的西方智者不是早在二十年前，就已經宣告「**再見，革命**」（**Farewell, Revolution**）了嗎？▲

▲ Stephen Kaplan, *Farewell, Revolution—Disputed Legacies: France 1789/1989* (Ithaca: Cornell University, 1995).

那場激動人心、開創了所有現代政治想像的大革命確實已老——事實上，大革命所開創的一長串現代革命系譜都已逐漸老去，只剩下「What is Left?」的聲音迴盪在所有夢想解放者的靈魂深處。然而歷史無非永劫回歸，終點之後又是起點，一個新的革命情境正在醞釀，這條我們曾以為終於找到的道路開始分岔，終於看到的光亮正在熄滅，終於生根的土地在點滴流失，終於奪回的記憶在日益模糊，取而代之的是新的崎嶇，新的黑暗，再一次的失落，再一次的遺忘，以及漫天的惡業與戰火。

而戰火已經蔓延到臺灣——再度蔓延到臺灣。昔日黨國體制的官僚資本主義所孕生的封建權貴階級，如今在新自由主義全球化浪潮中獲得新生、更加茁壯，並且跨出島嶼，形成「兩岸三地」的跨國權貴資本集團，然後向母體反噬。在形式民主的新遊戲規則下，新生的權貴集團以權養錢，再以錢買權（選票），於是權力生身份等級，身份等級生階級，階級鞏固權力，權力鞏固身份等級，如此權與錢結合，身份等級與階級合體，彼此循環，世代相傳，生生不息，社會流動降低，乃至完全停止，於是**déjà vu！**——貴族與教士（體制意識型態的生產者）轉世，特權重生。或許我們可以稱這個正在展開的驚人歷史過程為臺灣——以及這整個世界——的「**再封建化**」（refeudalization）。臺灣的再封建化，意味著三十年民主化過程形成的社會團結開始因階級與身份等級分化而解體，民主體制受金權世襲腐蝕而倒退，所有進步價值逐步崩解流失……。於是兩百二十六年前大革命前夜法國人激辯的課題，重新浮現在今天的臺灣，質問我們苦惱的靈魂：**何謂臺灣？是一塊新買辦特權階級**

掠奪弱者、剝削自然的不義之地（land without justice），還是一個自由、民主、平等、多元、友愛，並且永續保有她美麗自然身影，擁有無窮生命力的，道德的共同體——我們的家園？這個時候，請讓我們翻開《論特權》陳舊而嶄新的書頁，在字裡行間細細尋找辨識屬於我們這個時代的革命之路。

二〇一四年九月二十七日清晨二時於南港四分溪畔

譯後記

梁家瑜

一

「你不知道嗎？他們正在談論要來一場革命——聲如耳語！」

當崔西・查普曼（Tracy Chapman）在一九八八年唱出這首〈Talking 'Bout a Revolution〉時，她不知道這首歌在二〇一一年茉莉花革命中，會成為突尼西亞電台點播率超高的「老歌」（都四分之一個世紀過去啦）；同時她或許也不知道，在兩百年前的一七八八年，一本無名氏寫的小冊子，在法國真的讓人們開始「談論要來一場革命——聲如耳語」……這本小冊子肯定賣得不錯，十一月出版，沒署名的作者在不到兩個月的期間，又寫了續集——一七八九年一月出版的《何謂第三等級？》，成了歷史上最成功的政論小冊子之一。這時候，人們已經不再耳語，而是高聲喊出：

我們是什麼？是一切！

我們現在算什麼？算個屁！

我們要什麼？要算個東西！

那年夏天，巴黎的巴士底監獄被攻陷，法國大革命成了人類歷史上的傳奇事件。

但讓大家開始耳語的那本小冊子呢？就這樣被淹沒在歷史的累牘當中，成為歷史身後的倒影，所有人都記得一七八九年夏天，但不會有人記得一七八八年冬天。

那本早被多數人遺忘的小冊子，正是各位手上這本《論特權》。作者西耶斯見證了法國大革命的誕生與死亡。當他出版《論特權》的時候，或許他也不曉得自己身為第一等級成員（神職人員），會因為直抒胸臆而被選為第三等級代表之一、參與《網球場宣言》和《人權宣言》的起草、參與制定第一共和憲法、投票處死路易十六（儘管他與羅伯斯比爾的其他手段保持距離）……他也不曉得革命會久到他得尋求與拿破崙合作發動霧月政變來結束，也不曉得拿破崙會在上位後排擠他，更不曉得日後自己會惹上麻煩，被二次復辟的波旁王朝冠以「弒君」罪名……或許當年不出這本書就好了？

但不行。西耶斯不寫《論特權》，就不會接著寫《何謂第三等級？》，就不會讓德國的費希特在法國大革命後說「從今天起，全世界正直的人，都應以法國為祖國」，就不會讓馬克思說「德國的復活日，就會由高盧雄雞的高鳴來宣布」，而十九、二十世紀的歷史，或許不會是我們所熟悉的樣貌。如果說法國大革命是三一八佔領立法院，《論特權》就是三一七的黑夜，一片靜悄悄的城市中，只有小貓兩三隻在黑夜的立法院前傻傻地守著，心想著一切都完蛋了，卻又不願放棄希望，用耳語般的聲音討論著……

《論特權》就是人民耳語討論的話題。而今，二〇一四年，兩百二十六年過去了，又到了十一月，再一次，我們又要問一樣的問題，只是換成台灣的用詞：我們都是公民，我們也都是選民，然後，我們要投票了。

你難道不覺得：

選民是什麼？是一切！

選民現在算什麼？算個屁！

選民要求什麼？要算個東西！

選民為什麼算個屁？看看台灣這幾年，我們誰不想把過去選舉的結果取消重來？有多少人想罷免掉我們投票選出來代表我們的人？我們又何曾有過這樣的力量——不要說罷免——能至少阻止我們選出來的代表做出我們無法容忍的行為？選舉前、選舉中、選舉後，我們什麼時候不算個屁？含淚含屎含尿這種話都能說得習以為常了，我們不算個屁，難道算衛生紙嗎？

我們是民，他們是官。我們是魯蛇，他們是溫拿。《論特權》，就是「論溫拿」。如果我們終究要含淚含屎含尿，至少，讓我們深入了解一下這些溫拿的心理，了解一下他們的感情，他們的人格，他們的信仰，然後考慮一下，魯蛇要如何能算個東西。

因此，這本書的出版，是一種「出版行動」的嘗試。《論特權》儘管是歷史文獻，但也是**創造歷史**的文獻，被遺忘在歷史中……把它從歷史中挖出來，我們並不以學術出版為目標，而以重現當年法國讀者的感受為目標，因此在譯文上，我們希望能貼近台灣讀者的閱讀習慣。原文是十八世紀末的法語，曲折跌宕，在此要特別感謝紅桌出版社的劉粹倫與作家何獻瑞，以巨大的耐心多次潤飾原本粗陋的譯稿。如果諸位讀者能在閱讀中感到順暢的愉悅，能體會當年法國魯蛇的感受，這得歸功於二位在校訂工作上的辛勞。當然一切譯文中的錯誤，應由我承擔。而作為一次「出版行動」，我們都同意，在這個考驗台灣民主的時刻，這本書值得介紹給大家。

我記得第一次和粹倫提議出版本書時，她才翻了兩頁就說：「阿這就是**利出一孔**嘛！」什麼是利出一孔？第一個提到這個概念的是管仲：「利出於一孔者，其國無敵」（《管子》〈國蓄篇〉），為什麼「無敵」？要怎樣「無敵」？商鞅搞懂了：「民弱國強，民強國弱，故有道之國，務在弱民……利出一孔，則國多物……民，辱則貴爵，弱則尊官，貧則重賞。以刑治民則樂用，以賞戰民則輕死。故戰事兵用曰強。民有私榮，則賤列卑官；富則輕賞。治民羞辱以刑，戰則戰……」（《商君書》〈弱民〉）。西耶斯神父或許不認識管仲和商鞅，但一七八八年的冬天，法國魯蛇們來回翻閱、彼此傳遞這本小書，在**私下的大腸花**用耳語說到：「弱民？弱你馬！」，他們不要「辱則貴爵」、「弱則尊官」、「貧則重賞」。但如今，在台灣的我們是否被「羞辱以刑」，政府是不是「以刑治民」，是不是罵句「人渣公務員」就會被告被關，我們要不要變成「民弱國強」的國家，這個決定，終究是握在各位讀者的手上。

論特權

Essai sur les privilèges

作　　者　西耶斯 Emmanuel-Joseph Sieyès
導　　讀　吳叡人
譯　　者　梁家瑜
校　　對　何猷瑞
封面設計　高偉哲
內文排版　陳恩安
總 編 輯　劉粹倫
發 行 人　劉子超
出 版 者　紅桌文化／左守創作有限公司
10464 臺北市中山區大直街 117 號 5 樓
02-2532-4986
undertablepress@gmail.com
印　　刷　約書亞創藝有限公司
經 銷 商　高寶書版集團
11493 臺北市內湖區洲子街 88 號 3 樓
02-2799-2788
I S B N　978-986-91148-0-6
2014 年 10 月初版
新臺幣 120 元

臺灣印製

Printed in Taiwan

國家圖書館出版品預行編目 (CIP) 資料

論特權 / 西耶斯 (Emmanuel-Joseph Sieyès) 作 ; 梁家瑜譯 . -- 初版 . --
臺北市 : 紅桌文化 , 左守創作 , 2014.10
112 面 ; 11.7x18.6 公分
譯自 : Essai sur les privilèges
ISBN 978-986-91148-0-6(平裝)
1. 西耶斯 (Sieyès, Emmanuel Joseph, comte, 1748-1836) 2. 政治思想
570.9407　　103020054

「他們用憤怒對待人民，
卻把溫柔給了特權階級。」

《論特權》是一本改變歷史的小冊子：催生了著名的《誰是第三階級？》，
也推動了法國大革命。本書作者西耶斯所提出的口號：「平民是什麼？是一切！」
被寫進了《國際歌》。今天的法國中學生，還會在歷史課、哲學課堂上，
學習西耶斯的思想。其重要性，不可言喻。

《論特權》明白地指出，特權的本質，是與平民對立的。
兩百多年前，這份對於特權的思索，改變了當時的法國；
如今，也要翻轉現在的台灣。

9 789869 114806 00120
紅桌文化
定價 120 元
ISBN 978-986-91148-0-6
書號 ZE0110